Wintergedichte

Wintergedichte

Ausgewählt von
Evelyne Polt-Heinzl und
Christine Schmidjell

Philipp Reclam jun. Stuttgart

Universal-Bibliothek Nr. 18107

Umschlaggestaltung: Anja Wesner, München
Gesamtherstellung: Reclam, Ditzingen. Printed in Germany 2005

ISBN-13: 978-3-15-018107-2
ISBN-10: 3-15-018107-0

www.reclam.de

Inhalt

Frost

Winterfreuden

Hilfreicher Nachsatz

es – immer wieder gelingt es

frühling
immer wieder gelingt es
immer wieder dringt es
immer wieder treibt es
immer wieder lockt es
immer wieder berührt es
immer wieder verführt es
immer wieder schreibt es

sommer
immer wieder stockt es
immer wieder schaut es
immer wieder traut es
immer wieder greift es
immer wieder füllt es

herbst
immer wieder reift es
immer wieder hüllt es
immer wieder reicht es

winter
immer wieder gleicht es

frühling
immer wieder gelingt es

Winterlandschaft

FRIEDRICH HÖLDERLIN

Der Winter

Das Feld ist kahl, auf ferner Höhe glänzet
Der blaue Himmel nur, und wie die Pfade gehen,
Erscheinet die Natur, als Einerlei, das Wehen
Ist frisch, und die Natur von Helle nur umkränzet.

Der Erde Stund ist sichtbar von dem Himmel
Den ganzen Tag, in heller Nacht umgeben,
Wenn hoch erscheint von Sternen das Gewimmel,
Und geistiger das weit gedehnte Leben.

LUDWIG CHRISTOPH HEINRICH HÖLTY

Der Gärtner an den Garten im Winter

Eine Idylle

In Silberhüllen eingeschleiert
Steht jetzt der Baum,
Und strecket seine nackten Äste
Dem Himmel zu.

Wo jüngst das reife Gold des Fruchtbaums
Geblinket, hängt
Jetzt Eis herab, das keine Sonne
Zerschmelzen kann.

Entblättert steht die Rebenlaube,
  Die mich in Nacht
Verschloß, wenn Phöbus flammenatmend
  Herniedersah.

Das Blumenbeet, wo Florens Töchter
  In Morgenrot
Gekleidet, Wohlgeruch verhauchten,
  Versinkt in Schnee.

Nur du, mein kleiner Buchsbaum, pflanzest
  Dein grünes Haupt
Dem Frost entgegen, und verhöhnest
  Des Winters Macht.

Mit Goldschaum überzogen, funkelst
  Du an der Brust
Des Mädchens, das die Dorfschalmeie
  Zum Tanze ruft.

Ruh sanft, mein Garten, bis der Frühling
  Zur Erde sinkt,
Und Silberkränze auf die Wipfel
  Der Bäume streut.

Dann gaukelt Zephyr in den Blüten,
  Und küsset sie,
Und weht mir mit den Düften Freude
  In meine Brust.

HERMANN HESSE

Grauer Wintertag

Es ist ein grauer Wintertag,
Still und fast ohne Licht,
Ein mürrischer Alter, der nicht mag,
Daß man noch mit ihm spricht.

Er hört den Fluß, den jungen, ziehn
Voll Drang und Leidenschaft;
Vorlaut und unnütz dünkt sie ihn,
Die ungeduldige Kraft.

Er kneift die Augen spöttisch ein
Und spart noch mehr am Licht,
Ganz sachte fängt er an zu schnei'n,
Zieht Schleier vors Gesicht.

Ihn stört in seinem Greisentraum
Der Möwen grell Geschrei,
Im kahlen Ebereschenbaum
Der Amseln Zänkerei.

All das Getue lächert ihn
Mit seiner Wichtigkeit;
Er schneielet so vor sich hin
Bis in die Dunkelheit.

Erster Schnee

Wie nun alles stirbt und endet
Und das letzte Rosenblatt
Müd sich an die Erde wendet,
In die warme Ruhestatt:
So auch unser Tun und Lassen,
Was uns heiß und wild erregt,
Unser Lieben, unser Hassen
Sei ins welke Laub gelegt!

Reiner, weißer Schnee, o schneie,
Schneie beide Gräber zu,
Daß die Seele uns gedeihe
Still und kühl in Winterruh!
Bald kommt jene Frühlingswende,
Die allein die Liebe weckt,
Wo der Haß umsonst die Hände
Träumend aus dem Grabe streckt!

Der erste Schnee

Der leise schleichend euch umsponnen
Mit argem Trug, eh ihrs gedacht,
Seht, seht den Unhold! über Nacht
Hat er sich andern Rat ersonnen.
Seht, seht den Schneemantel wallen!
Das ist des Winters Herrscherkleid;
Die Larve läßt der Grimme fallen; –
Nun wißt ihr doch, woran ihr seid.

Er hat der Furcht euch überhoben,
Lebt auf zur Hoffnung und seid stark;
Schon zehrt der Lenz an seinem Mark,
Geduld! und mag der Wütrich toben.
Geduld! schon ruft der Lenz die Sonne,
Bald weben sie ein Blumenkleid,
Die Erde träumet neue Wonne, –
Dann aber träum ich neues Leid!

Heilige Winternacht

Die überschneiten Felder funkeln wie polierter Stahl,
bis an die nachtschwarz vorgeschobene Wälderküste.
Alleen schneiden, schroff wie zackige Gerüste,
der Schimmerflächen wechselndes Opal.

Wie eine ungeheure Kuppel steigt der Mond herauf.
Weißgelbe Wolken flattern: aufgebläht wie Fahnen,
die sich in Prozessionen um Monstranz, Soutanen
und Opferschreine scharen. Und wie Knauf an Knauf

auf Schäften hingespitzt, erblitzen die Gestirne.
Nacht schauert, überrauscht vom orgelnden Orkan,
stumm-fromm zusammen. Aller Unrast abgetan
ragen des Dorfes Dächer auf: steilsteif wie Firne

und spiegeln, wie um letzte Schwärze abzuschwächen,
die weißen Giebel in den zugefrornen Bächen.

Ich fahr durch Schnee und weiße Nacht

Ich fahr durch Schnee und weiße Nacht.
Der D-Zug rauscht. Der Schneesturm kracht.
Ich preß ans Fenster mein Gesicht:
O Himmelslicht! O Himmelslicht!

Und blank entsteigt dem dunklen Wald
Des ewigen Baumes Lichtgestalt.
Der Schleier fällt vom Firmament,
Und Sonne, Mond und Stern entbrennt.

Die Weihnacht hat uns hart beschert:
Blutedelstein und Eisenschwert.
In Tränen spielt das heilige Kind
Mit Donnerklang und Wolkenwind.

Der finstre Geist herrscht überall,
Des Kindes Spiel bringt ihn zu Fall.
Die Sehnsucht ist sein Angesicht:
O Himmelslicht! O Himmelslicht!

Heimkehr

Schneefall, dichter und dichter,
taubenfarben, wie gestern,
Schneefall, als schliefst du auch jetzt noch.

Weithin gelagertes Weiß.
Drüberhin, endlos,
die Schlittenspur des Verlornen.

Darunter, geborgen,
stülpt sich empor,
was den Augen so weh tut,
Hügel um Hügel,
unsichtbar.

Auf jedem,
heimgeholt in sein Heute,
ein ins Stumme entglittenes Ich:
hölzern, ein Pflock.

Dort: ein Gefühl,
vom Eiswind herübergeweht,
das sein tauben-, sein schnee-
farbenes Fahnentuch festmacht.

YVAN GOLL

Schnee-Masken

Es hat der Schnee über Nacht
Meine Totenmaske gemacht

Weiß war das Lachen des Schnees
Und meinen Schatten verwandelt
Er in ein Fastnachtsgewand

Ein Sturm von goldnen Triangeln
Hat plötzlich die tönende Stadt
Gehoben aus all ihren Angeln

Im siebenfarbenen Licht
Wurden die Türme der Zeit
Von ihren Ankern befreit

Der Schnee hat über Nacht
Mein Traumgesicht wahrgemacht

FRIEDERIKE MAYRÖCKER

Eine eiserne Rose dieser Winter,
der nirgends endet
haben wir nicht alles gehabt, alles Spanien; den ganzen
Nordpol; das vergilbende Heimatdorf;

o Europa Silberdorn; Raubtierzähnchen unsrer Welt;
Gärten verstrebt; hingehaucht Wälder stiebend;
Wolkenhüter;
Balkone zu nassen Sommern
Geschenke des Nil; Einbrüche der Nacht; Flugprobe der
Krähen
Winter-Raben einsichtlos pickend
verloren an Gesichter die erzählen
hingegeben an Augen auf Reisen
eingewurzelt in Haut
eingewachsen in Wunden
bemoost Drangsal und Irrwisch –

(».. mein Herz: vielleicht ein leeres Zimmer; von
Gespenstern bewohnt ..«)

.. aber die Hälse der Tier-Kinder (nur mit ihren Hälsen
seiend und vielleicht mit der Undurchdringlichkeit
der Angst:
dunklen Augs;
aber die Sanftmut eines Kinds: Jackie; – Jonnie
spielt auf ..)

.. ich lebe in deinem Leben ohne dasz du es willst
(».. von Bäumen und Wassern kann ich nicht lernen ..«)

die ganze Enzyklopädie blättert in meinem Schosz
und dein Zurückfallen in einen Schlaf aus dem du
eine Erinnerung an nie-bereiste Orte ..
ungehörte Lieder –
Schlupfwinkel der Zukunft ..
.. im zornigen Verkehr einer zitternden Eis-Blume!

aber ja; aber ja; es wird ihn geben den Tag und durch die
Reisfelder des tauenden Frühlings schwankt
milchig und vollkommen schwer ..

Rehe und Hirschkäfer Krähen versteift mutig kalt
eingedenk
alljährlicher Überwinterung –

ist auf und ab mein Weg; deine Locke ist Trauer;
und die Ringe haben wir längst
getauscht!

verfrüht meldet sich Unruhe an

... verlobend und eingekauert

(o! Jeremias)

LUDWIG GREVE

Schneesturm

So nah hängt der Westen
herüber: der halbe Tag kann nicht mehr
entfalten den nassen Flügel.

Ein Wind füllt den Raum
mit fremden Lüften und
Schwaden fremderen Dunkels.

Wo ist das Nächste, was jeder Blick
uns antraute?
Eine reißende Wolke,
grau und dann schwefelgelb gefleckt.

Waagrecht fliegender Schnee!
Vor den Schreien des Nichts
gefrieren die wäßrigen Flocken,
wimmeln, verheeren das Land wie ein Schwarm
gieriger Mücken.

Mit halbem Auge sahn wir die Erde.
Ihr Spiegel zerbrach, unter Splittern
liegt sie nackt.
Von oben Willkür, kein Licht
scheint, und unten empfängt kein Schatten
den fallenden, ungestalten Tag.
Die Äcker sind schwarz wie vor Anfang.

Namenlos bleibt alles zurück,
wo selbst der Himmel
verstummte.

Tropfen fallen, der Schnee
dämmert, wird glasig. In dunklen Flecken
schimmert Gras. Noch stehen die Bäume
hölzern, da holt die Erwartung
Atem, der Boden dampft.

Wintervögel

Kommt der erste Schneesturm angeschnoben,
Hängt der Talgring schon am Giebel droben.
Sorgt euch nicht! In einem trocknen Eckchen
Baumelt prallgefüllt das Erdnußsäckchen.
Sonnenblumenkern mit Hanf und Lein
Werden reichlich vor dem Fenster sein.

Da der Kleiber taktstockmäßig klopft,
Läßt die Haubenmeise, spitzbeschopft,
Ihren wirschen Flötentriller los,
Und der Grünling kreischt tempestuos.
Weht ein Zirpen aus dem Schwarzgetann,
Welches nur ein Goldhähnchen sein kann.

Mit der Fastnachtsmaske vorm Gesicht,
Denkt die Blaumeise, man kennt sie nicht!
Stolz der Dompfaff wölbt den roten Bauch,
Und der Bergfink seinen bunten auch.
Glaubt man Blut auf falbem Flaum zu sehn,
Dürfte sichs um einen Hänfling drehn.

Ach was hat dies Rotkehlchen verführt,
Daß es nicht den Drang zum Wandern spürt!
Andre seinesgleichen schnalzen jetzt,
Wo der Kalif Storch den Schnabel wetzt.
Doch vielleicht auch ließ man sie bereits
Bruzzeln in der italien'schen Schweiz.

Dicke Amsel auf dem kahlen Ast,
Wo du jetzt noch deinen Schmer her hast?
Oder plusterst du dich nur aus Wut,
Wenn du siehst, was sich im Rinnstein tut?
Unbestritten hält dort seinen Platz,
Wie im Sommer, der gemeine Spatz.

Hundertmal das Hälschen ausgereckt,
Eh den Schnabel man ins Futter steckt!
Lautlos schleicht der Katzenfuß im Schnee,
Und der Stößer kreist in Wolkenhöh.
Viel zu viele gehen drauf alljährlich.
Paßt nur auf! Das Leben ist gefährlich …

Doch ihr wißt, daß man dem schwarzen Mann
Hinterm Fensterkreuz vertrauen kann.

GERTRUD KOLMAR

Winter

Der Triefbart zackt vereist vom Regenrohr.
Nordost steift wölfisch das gespitzte Ohr.

Ein Stern friert bläulich an, von Dunst umdickt.
Der Neuschnee klingelt glasbehängt und tickt.

Und Krähen schwimmen in den Acker schwer,
Der starre Wellen schlägt, ein schweigend Meer.

Ich steh am Uferwege, welk und klein,
Und senkte gern der Schäumeflut mich ein,

Die Fischernetze toter Amseln schleppt,
In steinern grünlich dunklen Abend ebbt.

Leicht splittert von der Wunde meiner Brust,
Dem schwarzen Kreis, ein Vogel ab: Gekrust.

Der Schneeglanz spült ihn hin: verdorrter Klang,
Der Regenbogen über Wälder sang.

Ich blieb. Durch meine Lider stichelt Reif.
Und hinterm Auge, weit, zerfließt ein Streif

In Grau und Rosa. Blaß verwischter Steig.
Ein Silberkelch, aprilner Pfirsichzweig,

Der leise, dichte Bienensüße weht.
Die Woge atmet in ein Scillabeet

Den stummen Fittich aus: er dehnt sich matt …
Kalt bleicht die Mondstirn, die kein Antlitz hat.

Im Winter

Der Acker leuchtet weiß und kalt.
Der Himmel ist einsam und ungeheuer.
Dohlen kreisen über dem Weiher
Und Jäger steigen nieder vom Wald.

Ein Schweigen in schwarzen Wipfeln wohnt.
Ein Feuerschein huscht aus den Hütten.
Bisweilen schellt sehr fern ein Schlitten
Und langsam steigt der graue Mond.

Ein Wild verblutet sanft am Rain
Und Raben plätschern in blutigen Gossen.
Das Rohr bebt gelb und aufgeschossen.
Frost, Rauch, ein Schritt im leeren Hain.

UNICA ZÜRN

Wenn die Wildgaense schreien

Wenn die Wildgaense schreien,
neig', Elch, dein weises Wandern
in den Schneewald. Wenige Reis-
graes'chen wende, in wilden Eis-
wassern wiegend. Indien-Elche
schreien, wenn die Wildgaense
Land gewinnen. Erde, sei weich,
wenn Schneereigen das Wild-Ei
naschen. Elen, wir sind die Wege!
Sing' deine Wanderweisen, Elch.

GEORG BRITTING

Krähen im Schnee

Die schwarzen Krähen auf dem weißen Feld:
Der Anblick macht mein Herz erregt.
Es stäubt der Schnee. In Wirbeln kreist die Welt.
Sie sitzen auf den Bäumen unbewegt.

Die Zaubertiere aus der alten Zeit,
Sie sind bei uns nur zu Besuch.
Sie tragen noch das Galgenvogelkleid,
Sie hörten einst den rauhen Henkerfluch.

Was denken sie? Ach, du errätst es nicht!
Sie starren einsam vor sich hin.
Der Himmel hat ein milchig trübes Licht.
So war die Welt im ersten Anbeginn.

Nun naht vom Wald her sich ein neuer Gast.
Die andern sehen ihm nicht zu.
Er läßt sich nieder auf dem weißen Ast.
Und dann ertönt auch durch die Winterruh

So rauh wie hohl der alte Krähenschrei.
In ihm ist Langweil und Verdruß.
So hocken sie, das schwarze Einerlei,
Und wirbelnd fällt der Schnee, wohin er muß.

JOACHIM RINGELNATZ

Stille Winterstraße

Es heben sich vernebelt braun
Die Berge aus dem klaren Weiß,
Und aus dem Weiß ragt braun ein Zaun,
Steht eine Stange wie ein Steiß.

Ein Rabe fliegt, so schwarz und scharf,
Wie ihn kein Maler malen darf,
Wenn er's nicht etwa kann.
Ich stapfe einsam durch den Schnee.
Vielleicht steht links im Busch ein Reh
Und denkt: Dort geht ein Mann.

Paraphrase von den Spuren im Schnee

Im Schnee lief eine Spur von bloßen Füßen.
Sie ging verloren, irgendwo am Straßenrand,
von Schuh'n zertreten, wehrlos, unerkannt.
Nun werd' ich winterlang den Bruder suchen müssen.

Im Schnee lief eine Spur von bloßen Füßen:
wir gingen warm verhüllt durch dunkle Zeit.
Weh uns, wenn wir dereinst den Frost der Herzen büßen!

Sie ging verloren, irgendwo am Straßenrand …
Wen kümmerts, ist man selber nur gefeit!
Die Flocke schmilzt nicht mehr, denn lieblos ist die Hand.

Von Schuh'n zertreten, wehrlos, unerkannt:
dies ist das Ende. Niemand gibt Geleit.
Ein böser Frost hat alle Tränen längst verbrannt.

Nun werd' ich winterlang den Bruder suchen müssen:
vielleicht werd' ich am Wege selbst verschneit …
Wenn Gott uns fände? Ach, nur seinen Saum zu küssen!

Im Schnee lief eine Spur von bloßen Füßen.
Sie ging verloren, irgendwo am Straßenrand,
von Schuh'n zertreten, wehrlos unerkannt.
Nun werd' ich winterlang den Bruder suchen müssen.

GÜNTER EICH

Februar

Vom Wind durch leere Straßen getrieben,
an Wirtshaus und Läden vorbei, –
Schnee hat meine Wangen gerieben
und riß mir die Haut entzwei.

Aus Asche gestreut verschlungene Zeichen
über dem freigewehten Stein.
Klingt mir das Ohr, wer will mich erreichen?
Kein Herz, kein Geläute holen mich ein.

Doch der Gedanke hat pochende Hufe,
und Kufen schleifen im Wagengleis,
ein Echo greift flüchtig nach Gitter und Stufe
aus windgebauschten Ärmeln von Eis.

Warst du es, Schatten, der meiner gedachte
und im Läuten der Schellen war?
Ach, der mich flüsternd anrief und lachte,
warf er mir Asche auf Brauen und Haar?

Frost

vor winterbeginn

der frühling wird schon wieder kommen
wird schon wieder kommen, der frühling
und wieder wird der frühling kommen
und der frühling wird wieder kommen
frühling wird kommen, wieder ...
wer früher stirbt
muß sich nicht mehr daran halten
an dieses ewige
frühling sommer herbst winter
frühling sommer herbst winter
frühling sommer herbst winter
frühling sommer herbst winter
frühling
        wird kommen,
                        wieder ...
wer aber früher stirbt
hält sich nicht mehr an dieses
ewige ewige ewige ewige ewige ....
sondern
sondern
sondern
sondern
sondern
.
.
.
.
.
.
.

ILSE AICHINGER

Winteranfang

Im Fach liegt nichts mehr,
die Soldaten, die um Mittag starben,
schlafen leichter unter dem Glas.
Die Windrichtungen sind schuld,
daß die Gräser sich einzogen
und dürr wurden,
daß die Rahmen paßten,
die beschlossenen Herbste.
Wo flog mein Drachen hin, wie rasch,
wie kam es, sank er
orangenrot, um sich zur Ruh zu betten,
an euer Haus?

ROSE AUSLÄNDER

Dezember

Schwer der Übergang
Dieser Monat hat seine Wunden

Herzog Dezember
ein Fürst
in unserm Land

Wir dienen ihm
Daß sein Glanz
uns nicht erdrücke
ist unser Gebet

Schnee
uns zu Füßen
Weiße Sterne verbluten

Auch dieser Monat tut weh

INGEBORG BACHMANN

Nebelland

Im Winter ist meine Geliebte
unter den Tieren des Waldes.
Daß ich vor Morgen zurückmuß,
weiß die Füchsin und lacht.
Wie die Wolken erzittern! Und mir
auf den Schneekragen fällt
eine Lage von brüchigem Eis.

Im Winter ist meine Geliebte
ein Baum unter Bäumen und lädt
die glückverlassenen Krähen
ein in ihr schönes Geäst. Sie weiß,
daß der Wind, wenn es dämmert,

ihr starres, mit Reif besetztes
Abendkleid hebt und mich heimjagt.

Im Winter ist meine Geliebte
unter den Fischen und stumm.
Hörig den Wassern, die der Strich
ihrer Flossen von innen bewegt,
steh ich am Ufer und seh,
bis mich Schollen vertreiben,
wie sie taucht und sich wendet.

Und wieder vom Jagdruf des Vogels
getroffen, der seine Schwingen
über mir steift, stürz ich
auf offenem Feld: sie entfiedert
die Hühner und wirft mir ein weißes
Schlüsselbein zu. Ich nehm's um den Hals
und geh fort durch den bitteren Flaum.

Treulos ist meine Geliebte,
ich weiß, sie schwebt manchmal
auf hohen Schuh'n nach der Stadt,
sie küßt in den Bars mit dem Strohhalm
die Gläser tief auf den Mund,
und es kommen ihr Worte für alle.
Doch diese Sprache verstehe ich nicht.

Nebelland hab ich gesehen,
Nebelherz hab ich gegessen.

Dezember

Nun wintert es in Luch und Lanken,
im Graben klirrt das schwarze Eis.
Und Schilf und Binsen an den Planken
stehn unterm Nebel steif und weiß.

Mit Kälte sind bepackt die Schlitten,
die Gäule eisig überglänzt.
Die Gans hängt starr, ins Hirn geschnitten.
Das fahle Rohr liegt flach gesenst.

Das Licht der Tenne ist erloschen.
Schnee drückt der kleinen Kirche Walm,
im Klingelbeutel friert der Groschen
und beizend schwelt der Kerzen Qualm.

Der Wind umheult die Kirchhofsmauer.
Des Todes karges Deputat
ist ein vereister Blätterschauer
der Eichen auf den letzten Pfad.

Hier ruhn, die für das Gut einst mähten,
die sich mit Weib und Kind geplagt,
landlose Schnitter und Kossäten.
Im öden Schatten hockt die Magd.

Die Nacht ist ihre leere Scheune.
Die toten Schafe ziehn zur Schur.

Des Winters Korn behäuft die Zäune,
furcht es die hungerharte Flur.

Der Sturm wohnt breit auf meinem Dache,
wie eine Grille zirpt der Frost.
Und wenn ich alternd nachts erwache,
stäubt Asche kalt vom morschen Rost.

Am Hoftor schwer die Balken knarren,
im Nebel läutet ein Gespann.
Ein Kummet klirrt und Hufe scharren.
Ich weiß, ein grober Knecht spannt an.

Der Wolken Mauer steht dahinter
auf Wald und See und grau wie Stein.
Bald wird das Feuer vieler Winter
in einer Nacht erloschen sein.

GOTTFRIED BENN

Einst

Einst, wenn der Winter begann,
du hieltest von seinen Schleiern,
den Dämmerdörfern, den Weihern
die Schatten an.

Oder die Städte erglommen
sphinxblau an Schnee und Meer –
wo ist das hingekommen
und keine Wiederkehr.

Alles des Grams, der Gaben
früh her in unser Blut – :
wenn wir *gelitten* haben,
ist es *dann* gut?

WERNER BERGENGRUEN

Am Wintermorgen

Am Wintermorgen zur bleichen Zeit,
grau starren die Gärten und kahl.
Zwei Mädchen frösteln im dünnen Kleid,
und der Wachtposten gähnt am Kanal.

Alte Weiblein, wie Dohlen dunkel und schmal,
flattern und rudern herum.
Sie huschen gescheucht ums Klosterspital,
doch ihre Schritte sind stumm.

Wie willst du den traurigen Tag bestehn?
Und zum Abend ist es noch weit.
Du wirst dir die Füße blutig gehn
in deiner Verlassenheit.

Da tritt aus dem Düster tastend ein Strahl
wie schüchterne Vogelmusik.
Und über dem schwarzen Kirchenportal
aufglüht das Goldmosaik.

NIKOLAUS LENAU

Winternacht

I

Vor Kälte ist die Luft erstarrt,
Es kracht der Schnee von meinen Tritten,
Es dampft mein Hauch, es klirrt mein Bart;
Nur fort, nur immer fortgeschritten!

Wie feierlich die Gegend schweigt!
Der Mond bescheint die alten Fichten,
Die, sehnsuchtsvoll zum Tod geneigt,
Den Zweig zurück zur Erde richten.

Frost! friere mir ins Herz hinein,
Tief in das heißbewegte, wilde!
Daß einmal Ruh mag drinnen sein,
Wie hier im nächtlichen Gefilde!

2

Dort heult im tiefen Waldesraum
Ein Wolf; – wies Kind aufweckt die Mutter,
Schreit er die Nacht aus ihrem Traum
Und heischt von ihr sein blutig Futter.

Nun brausen über Schnee und Eis
Die Winde fort mit tollem Jagen,
Als wollten sie sich rennen heiß:
Wach auf, o Herz, zu wildem Klagen!

Laß deine Toten auferstehn
Und deiner Qualen dunkle Horden!
Und laß sie mit den Stürmen gehn,
Dem rauhen Spielgesind aus Norden!

ELSE LASKER-SCHÜLER

Winternacht

(Cellolied)

Ich schlafe tief in starrer Winternacht,
Mir ist, ich lieg' in Grabesnacht,
Als ob ich spät um Mitternacht gestorben sei
Und schon ein Sternenleben tot sei.

Zu meinem Kinde zog mein Glück
Und alles Leiden in das Leid zurück,
Nur meine Sehnsucht sucht sich heim
Und zuckt wie zähes Leben
Und stirbt zurück
In sich.

Ich schlafe tief in starrer Winternacht,
Mir ist, ich lieg' in Grabesnacht.

JOSEPH VON EICHENDORFF

Winternacht

Verschneit liegt rings die ganze Welt,
Ich hab nichts, was mich freuet,
Verlassen steht der Baum im Feld,
Hat längst sein Laub verstreuet.

Der Wind nur geht bei stiller Nacht
Und rüttelt an dem Baume,
Da rührt er seinen Wipfel sacht
Und redet wie im Traume.

Er träumt von künftger Frühlingszeit,
Von Grün und Quellenrauschen,
Wo er im neuen Blütenkleid
Zu Gottes Lob wird rauschen.

GEORG HEYM

Mitte des Winters

Das Jahr geht zornig aus. Und kleine Tage
Sind viel verstreut wie Hütten in den Winter.
Und Nächte ohne Leuchten, ohne Stunden,
Und grauer Morgen ungewisser Bilder.

Sommerzeit, Herbstzeit, alles geht vorüber,
Und brauner Tod hat jede Frucht ergriffen.
Und andre kalte Sterne sind im Dunkel,
Die wir zuvor nicht sahn vom Dach der Schiffe.

Weglos ist jedes Leben. Und verworren
Ein jeder Pfad. Und keiner weiß das Ende,
Und wer da suchet, daß er Einen fände,
Der sieht ihn stumm und schüttelnd leere Hände.

MARIE LUISE KASCHNITZ

Früchte des Winters

Meine Einsamkeit ist noch jung, ein Kind.
Weiß nicht wie man Schneehütten baut
Wie man sich birgt in der Höhle.
Die Inseln auf denen ich mich ansiedeln will
Verschwinden gurgelnd im Wasser.
Jeden Tag bebt die Erde
Jede Nacht
Kommen die Winde
Meine Widersacher
Zerreißen die Hecke
Aus Traumblume Mohn.

Zu Kundschaftern taugen
Die nicht mehr kennen
Worte der Liebe und
Worte des Willkomms.
Auf ihrem verlorenen Posten
Bleiben sie stehen
Rufen werda
Und reden mit Geistern.

Wenn der Tod sie anspringt
Frostklirrend
Aus schwarzem Gebüsch
Fallen sie ihm entgegen
Früchte des Winters
Umstäubt
Von diamantenem Schnee.

PETER HÄRTLING

Schneelied

Mit dem Schnee
will ich trauern.
Schmelzen wird er
und deine Schritte
vergessen.
Hier
bist du gegangen.

Kehr zurück.
Laß dich bitten
mit dem erwachten
Fluß,
dem wieder
gefundenen Land.

Jetzt,
nach dem Frost,
tauen in meinen Briefen
die Sätze
und holen dich,
ohne Gedächtnis,
ein.

Kehr zurück.
Und sei
wie vor dem Schnee.

THEODOR DÄUBLER

Landschaft

Rote Mühlen stehen an verschneitem Ufer:
Grüne Wellen tragen Eis statt gelben Schaum.
Schwarze Vögel, Unglückskünder, Unheilrufer,
Hocken hoch und schwer in einem hohlen Baum.

O wie viele Tiere im Gezweige nisten:
Meine bösen Stunden aber sind noch mehr.
Sorgenvögel müssen dort ihr Leben fristen:
Spähen durch die Silberäste hin und her.

Und ich weiß es nicht, ist so etwas ein Traum?
Denn ich baue ihn empor, den kahlen Baum!
Doch die fremden Vögel kamen ungerufen:
Ich kenne keine Fernen, die sie schufen.

Plötzlich drehen sich die Räder meiner Mühlen:
Bloß für einen Augenblick erbraust der Sturm.
Jetzt muß ich die Vögel in mir selber fühlen:
Weiter schleicht der eisgefleckte Wasserwurm.

ERICH FRIED

Nebelabend

Hier in der Türe
wo der Nebel wartet
müßte ich wütend sein
auf diesen Winter

und den Zorn um mich schlagen
als hochgeschlossenen Mantel
und hinausgehen
in die Kälte die weich zurückweicht

Aber dem Nebel
kann ich nicht böse sein
den Winter vor dem mir bang war
kann ich nicht hassen

Stillender Nebel
tröstlicher dienstbarer Dunst
ungewisse Umwölkung
der unbevölkerten Gassen

halbundurchsichtige Nachsicht
der vorsichtig tastenden Nacht
langsame Einsamkeit
fast freundliches Frösteln

Dieser Winter ist
kein Feind der eisig zupackt
kein Pack von pfeifendem Wind
und rasselnden Blättern

Auch kein Pakt mit dem Tod
daß er starrt in der starren Zeit
sondern er wartet
als würde er helfen wollen

bittrer winter

novembernotiz:

trage den mantelkragen
aufgeschlagen
unweigerlich faellt
die vorderste
reihe
& wir sind dran

dezember

herre jesu christ
da Du in dem himmel bist
behandle gestern wie heut
sehr bevorzugt meine leut

das bittet Dich
Dein ewigjunger TOD

jaenner

wie kann er der magre kleine
mit schepperndem gebeine
zertreten
unser fleisch

wie kurz & duerre ist
Dein name
TOD

wie arg Dein
        stachel

fasching & februar

geisterbahnen dienen dem
                                        leben
masken dem gesicht
geaendert das licht
jeder stammtisch
                wird vererbt

maerz

furche & bauer
der krah auf der lauer
nach samen

die zeiten keimen

Winterfreuden

H. C. ARTMANN

wenn im öflein s feuer kracht,
winter durch das fenster lacht,
wenn die flocken lustig toben,
sollst den lieben werwolf loben.

fröhlich streunt er durch das feld,
fühlt den frieden dieser welt,
sträubt sein fellchen voller wonne,
frank und frei von aller sonne.

liebe kinder, nichts wie raus!
hurtig aus dem vaterhaus,
nehmt vom süßen weihnachtskuchen,
geht mit ihm den werwolf suchen.

MATTHIAS CLAUDIUS

Ein Lied hinterm Ofen zu singen

Der Winter ist ein rechter Mann,
  Kernfest und auf die Dauer;
Sein Fleisch fühlt sich wie Eisen an,
  Und scheut nicht Süß noch Sauer.

War je ein Mann gesund, ist er's;
  Er krankt und kränkelt nimmer,
Weiß nichts von *Nachtschweiß* noch *Vapeurs,*
  Und schläft im kalten Zimmer.

Er zieht *sein Hemd* im Freien an,
  Und läßt's vorher nicht wärmen;
Und spottet über Fluß im Zahn
  Und Kolik in Gedärmen.

Aus Blumen und aus Vogelsang
  Weiß er sich nichts zu machen,
Haßt *warmen* Drang und *warmen* Klang
  Und alle *warme* Sachen.

Doch wenn die Füchse bellen sehr,
  Wenn's Holz im Ofen knittert,
Und um den Ofen Knecht und Herr
  Die Hände reibt und zittert;

Wenn Stein und Bein vor Frost zerbricht
  Und Teich' und Seen krachen;
Das klingt ihm gut, das haßt er nicht,
  Denn will er sich tot lachen. –

Sein Schloß von Eis liegt ganz hinaus
  Beim Nordpol an dem Strande;
Doch hat er auch ein Sommerhaus
  Im lieben Schweizerlande.

Da ist er denn bald dort bald hier,
  Gut Regiment zu führen.
Und wenn er durchzieht, stehen wir
  Und sehn ihn an und frieren.

THEODOR KRAMER

Das Nüsseklopfen

Wann's still im Winter Abend ward zuhause
und auf dem Herd die milde Lampe schien,
schob manchmal Mutter scherzend nach der Jause
vor uns den Sack mit welschen Nüssen hin.

Wir Buben fingen an, sie aufzuklopfen,
sie brachen unterm Stößel spröd entzwei;
selbst Vater hörte auf Tabak zu stopfen
und ließ zum Werk ein Weilchen sich herbei.

Bedächtig lösten aus den scharfen Scherben
und aus den Scheiden dann wir Kern um Kern,
um nicht die schönen Hälften zu verderben,
und naschten die zerquetschten Stückchen gern.

Wir ließen lang vor uns die Häufchen blinken;
und wuchs der Berg im Weitling hoch und breit,
so roch's nach Beugeln und nach Palatschinken …
dann war's gewöhnlich schon fürs Nachtmahl Zeit.

GEORG TRAKL

Ein Winterabend

2. Fassung

Wenn der Schnee ans Fenster fällt,
Lang die Abendglocke läutet,
Vielen ist der Tisch bereitet
Und das Haus ist wohlbestellt.

Mancher auf der Wanderschaft
Kommt ans Tor auf dunklen Pfaden.
Golden blüht der Baum der Gnaden
Aus der Erde kühlem Saft.

Wanderer tritt still herein;
Schmerz versteinerte die Schwelle.
Da erglänzt in reiner Helle
Auf dem Tische Brot und Wein.

ELISABETH BORCHERS

Märchen

Auf der Suche
nach etwas Schönem wie Schnee
ging ich leer aus
bis es des Wegs zu schneien begann

An der Ecke

Der Winter kommt und mit ihm meine Alte,
die an der Ecke stets Kastanien briet.
Ihr Antlitz schaut aus einer Tücherspalte
froh und gesund, ob Falte auch bei Falte
seit vielen Jahren es durchzieht.

Und tüchtig ist sie, ja, das will ich meinen;
die Tüten müssen rein sein, und das Licht
an ihrem Stand muß immer helle scheinen,
und von dem Ofen mit den krummen Beinen
verlangt sie streng die heiße Pflicht.

So trefflich schmort auch keine die Maroni.
Dabei bemerkt sie, wer des Weges zieht,
und alle kennt sie – bis zum Tramwaypony;
sie treibts ja Jahre schon, die alte Toni …
Und leise summt ihr Herd sein Lied.

Betrifft: Erster Schnee

Eines Morgens leuchtet es ins Zimmer,
und du merkst: ’s ist wieder mal soweit.
Schnee und Barometer sind gefallen.
Und nun kommt die liebe Halswehzeit.

Kalte Blumen blühn auf Fensterscheiben.
Fröstelnd seufzt der Morgenblattpoet:
»Winter läßt sich besser nicht beschreiben,
als es schon im Lesebuche steht.«

Blüten kann man noch mit Schnee vergleichen,
doch den Schnee … Man wird zu leicht banal.
Denn im Sommer ist man manchmal glücklich,
doch im Winter nur sentimental.

Und man muß an Grimmsche Märchen denken
und an einen winterweißen Wald
und an eine Bergtour um Silvester.
Und dabei an sein Tarifgehalt.

Und man möchte wieder vierzehn Jahr sein:
Weihnachtsferien … Mit dem Schlitten raus!
Und man müßte keinen Schnupfen haben,
sondern irgendwo ein kleines Haus,

und davor ein paar verschneite Tannen,
ziemlich viele Stunden vor der Stadt.

Wo es kein Büro, kein Telefon gibt.
Wo man beinah keine Pflichten hat.

Ein paar Tage lang soll nichts passieren!
Ein paar Stunden, da man nichts erfährt.
Denn was hat wohl einer zu verlieren,
dem ja doch so gut wie nichts gehört.

EDUARD MÖRIKE

An einem Wintermorgen, vor Sonnenaufgang

O flaumenleichte Zeit der dunkeln Frühe!
Welch neue Welt bewegest du in mir?
Was ists, daß ich auf einmal nun in dir
Von sanfter Wollust meines Daseins glühe?

Einem Kristall gleicht meine Seele nun,
Den noch kein falscher Strahl des Lichts getroffen;
Zu fluten scheint mein Geist, er scheint zu ruhn,
Dem Eindruck naher Wunderkräfte offen,
Die aus dem klaren Gürtel blauer Luft
Zuletzt ein Zauberwort vor meine Sinne ruft.

Bei hellen Augen glaub ich doch zu schwanken;
Ich schließe sie, daß nicht der Traum entweiche.
Seh ich hinab in lichte Feenreiche?
Wer hat den bunten Schwarm von Bildern und Gedanken

Zur Pforte meines Herzens hergeladen,
Die glänzend sich in diesem Busen baden,
Goldfarbgen Fischlein gleich im Gartenteiche?

Ich höre bald der Hirtenflöten Klänge,
Wie um die Krippe jener Wundernacht,
Bald weinbekränzter Jugend Lustgesänge;
Wer hat das friedenselige Gedränge
In meine traurigen Wände hergebracht?

Und welch Gefühl entzückter Stärke,
Indem mein Sinn sich frisch zur Ferne lenkt!
Vom ersten Mark des heutgen Tags getränkt,
Fühl ich mir Mut zu jedem frommen Werke.
Die Seele fliegt, so weit der Himmel reicht,
Der Genius jauchzt in mir! Doch sage,
Warum wird jetzt der Blick von Wehmut feucht?
Ists ein verloren Glück, was mich erweicht?
Ist es ein werdendes, was ich im Herzen trage?
– Hinweg, mein Geist! hier gilt kein Stillestehn:
Es ist ein Augenblick, und Alles wird verwehn!

Dort, sieh, am Horizont lüpft sich der Vorhang schon!
Es träumt der Tag, nun sei die Nacht entflohn;
Die Purpurlippe, die geschlossen lag,
Haucht, halbgeöffnet, süße Atemzüge:
Auf einmal blitzt das Aug, und, wie ein Gott, der Tag
Beginnt im Sprung die königlichen Flüge!

AUGUST HEINRICH HOFFMANN
VON FALLERSLEBEN

Der Schneemann

Seht, da steht er, unser Schneemann!
Das ist ein Geselle!
Stehet fest und unverzaget,
Weicht nicht von der Stelle.

Schaut ihm in die schwarzen Augen!
Wird euch denn nicht bange?
In der linken Hand da hat er
Eine lange Stange.

Einen großen Säbel hält er
Fest in seiner Rechten.
Kommt heran! er wird sich wehren,
Wird mit allen fechten.

Über ihn kann nur der Frühling
Einen Sieg gewinnen:
Blickt ihn *der* nur an von ferne,
Wird er gleich zerrinnen.

Aber halt dich tapfer, Schneemann!
Laß dir offenbaren:
Stehst du morgen noch, so wollen
Wir dich schlittenfahren.

Winter-Idyll

I

Schlitten klingeln durch die Gassen,
fußhoch liegt der Schnee geschichtet:
deutschem Winter muß man lassen,
daß er gar entzückend dichtet.

Und wir gehn, ein schneeweiß Pärchen,
Arm in Arm, mit heißen Wangen.
Welch ein süßes Wintermärchen
hält zwei Herzen heut gefangen!

II

Wie kann ein Tag voll so viel Schmerz
so wunderherrlich enden,
ein Abend an mein einsam Herz
so reiches Glück verschwenden!

Oh Mund, entflammt, oh Aug', entfacht
in schauerndem Begegnen! …
Oh aller Wunder holder Nacht,
wie magst du so mich segnen! …

III

Surre, surre, Rädchen,
hier sind tausend Fädchen
für ein Sonnenstrahlenzelt
um die weite, weite Welt!

Surre, surre, Rädchen,
denke doch! mein Mädchen
hat viel tausend Haare!
Reicht viel tausend Jahre!

Surre, surre, Rädchen,
tausend goldne Fädchen
wolln von dir zu Sonnenschein
heute noch gesponnen sein!

GERHART HAUPTMANN

Eislauf

Auf spiegelndem Teiche
zieh' ich spiegelnde Gleise.
Der Kauz ruft leise.
Der Mond, der bleiche,
liegt über dem Teiche.

Im raschelnden Schilfe,
da weben die Mären,
da lachet der Sylphe
in silbernen Zähren,
tief innen im Schilfe.

Hei, fröhliches Kreisen,
dem Winde befohlen!

Glückseliges Reisen,
die Welt an den Sohlen,
in eigenen Kreisen!

Vergessen, vergeben,
im Mondlicht baden;
hingaukeln und schweben
auf nächtigen Pfaden!
Sich selber nur leben!

ULLA HAHN

Fest auf der Alster

All das Eis wir schwelgen
im Winter unter der Sonne
Laufen auf Kufen im Kreis
und gradaus mit und gegen
und durch Licht und Wind.
Alte Ehepaare ziehn sich
noch enger zusammen
Vater und Mutter kreisen
in hohem Bogen ums Kind.
Wippende Mädchen im heiratsfähigen Alter
lächeln aus der Hüfte heraus gutaus
staffierte Lilien in kühnen Kurven
kreuzen ihre Herzensmänner das Feld.
Sogar silbrige Herren und Damen geraten
ins Schleudern der Hut fliegt vom Kopf

der Hund rutscht hinterdrein
wittert Glühwein auf Eis.
Übermütig lächeln wir alle verschworene
Kinder die vom selben Süßen genascht
Werfen Lächeln wie Bälle uns zu
durch die lächelnde Luft. Lächeln
als gäbe es nichts zu bestehn
als den nächsten Schritt als geschähe
nur was wir im voraus schon sehn
bis an den Horizont von
Brücken Kirchen und Banken.
Lächelnd vergibt ein jeder von uns
seinem Nächsten und sich
diesen Nachmittag lang
all das Eis
unter der Sonne.

ROSE AUSLÄNDER

Sonne im Februar

Wir haben die Fenster
mit Schnee gewaschen
Helios atme sie trocken

Strähn
unser frostverästeltes Haar
mit dem Sonnenkamm

Freilich wir wissen
im Dornengarten
hast du schlafende Rosen begraben
bald wirst du sie wecken
kelchgerecht
für die Regentaufe

Wir werden
Zeugen sein

Indessen blühn
farblose Eisblumen
auf dem Moosdach
verwesender Väter

WILHELM MÜLLER

Frühlingstraum

Ich träumte von bunten Blumen,
So wie sie wohl blühen im Mai,
Ich träumte von grünen Wiesen,
Von lustigem Vogelgeschrei.

Und als die Hähne krähten,
Da ward mein Auge wach;
Da war es kalt und finster,
Es schrieen die Raben vom Dach.

Doch an den Fensterscheiben,
Wer malte die Blätter da?
Ihr lacht wohl über den Träumer,
Der Blumen im Winter sah?

Ich träumte von Lieb um Liebe,
Von einer schönen Maid,
Von Herzen und von Küssen,
Von Wonn' und Seligkeit.

Und als die Hähne krähten,
Da ward mein Herze wach;
Nun sitz ich hier alleine
Und denke dem Traume nach.

Die Augen schließ ich wieder,
Noch schlägt das Herz so warm.
Wann grünt ihr Blätter am Fenster?
Wann halt ich dich, Liebchen, im Arm?

HUGO VON HOFMANNSTHAL

Verheißung

Fühlst du durch die Winternacht,
Durch der kalten Sternlein Zittern,
Durch der Eiscrystalle Pracht,
Wie sie flimmern und zersplittern:

Fühlst nicht wehen laue Mahnung,
Keimen leise Frühlingsahnung?

Drunten schläft der Frühlingsmorgen,
Quillt in gärenden Gewalten
Und, ob heute noch verborgen,
Sprengt er rings das Eis in Spalten:
Und in wirbelnd lauem Wehen
Braust er denen, die's verstehen.

Hörst du aus der Worte Hall,
Wie sie kühn und trotzig klettern,
Und mit jugendlichem Prall
Klirrend eine Welt zerschmettern:
Hörst du nicht die leise Mahnung,
Warmen Lebensfrühlings Ahnung?

Hilfreicher Nachsatz

CHRISTIAN MORGENSTERN

Wie sich das Galgenkind die Monatsnamen merkt

Jaguar
Zebra
Nerz
Mandrill
Maikäfer
Ponny
Muli
Auerochs
Wespenbär
Locktauber
Robbenbär
Zehenbär.

Verzeichnis der Autoren, Gedichte und Druckvorlagen

ILSE AICHINGER (geb. 1921)

I. A.: Werke. Taschenbuchausgabe in acht Bänden. Hrsg. von Richard Reichensperger. Bd. 8: Verschenkter Rat. Gedichte. Frankfurt a. M.: Fischer Taschenbuch Verlag, 1991. S. 40. – © 1978 S. Fischer Verlag GmbH, Frankfurt am Main.

H[ANS] C[ARL] ARTMANN (1921–2000)

H. C. A.: allerleirausch. neue schöne kinderreime. böse formeln. ein büchlein zaubersprüchlein. Berlin: Rainer; München/Salzburg: Renner, 1993. S. 15. – Mit Genehmigung der Jung und Jung Verlag GmbH, Salzburg.

ROSE AUSLÄNDER (1901–1988)

R. A.: Gesammelte Werke in sieben Bänden. Hrsg. von Helmut Braun. [Bd. 2:] Die Sichel mäht die Zeit zu Heu. Gedichte 1957–1965. Frankfurt a. M.: S. Fischer, 1985. S. 148 (1). – © 1985 S. Fischer Verlag GmbH, Frankfurt am Main.
R. A.: Gesammelte Werke in sieben Bänden. Hrsg. von Helmut Braun. [Bd. 5:] Ich höre das Herz des Oleanders. Gedichte 1977–1979. Frankfurt a. M.: S. Fischer, 1984. S. 253 (2). – © 1984 S. Fischer Verlag GmbH, Frankfurt am Main.

INGEBORG BACHMANN (1926–1973)

I. B.: Werke. Hrsg. von Christine Koschel, Inge von Weidenbaum und Clemens Münster. Bd. 1: Gedichte. Hörspiele. Libretti. Übersetzungen. München/Zürich: Piper, 1993 [u. ö.]. S. 105 f. – © 1978 Piper Verlag GmbH, München.

GOTTFRIED BENN (1886–1956)

G. B.: Sämtliche Gedichte. Stuttgart: Klett-Cotta, 1998. S. 170. – © 1998 J. G. Cotta'sche Buchhandlung Nachfolger GmbH, Stuttgart.

WERNER BERGENGRUEN (1892–1964)

W. B.: Herbstlicher Aufbruch. Gedichte. Zürich: Verlag der Arche, 1965. S. 61. – Mit Genehmigung von Luise Hackelsberger, Neustadt (Weinstraße).

ELISABETH BORCHERS (geb. 1926)

E. B.: Was ist die Antwort. Gedichte. Frankfurt a. M.: Suhrkamp, 1998. S. 34. – © 1998 Suhrkamp Verlag, Frankfurt am Main.

GEORG BRITTING (1891–1964)

G. B.: Gedichte 1940–1964. Hrsg. von Ingeborg Schuldt-Britting. München/Leipzig: List, 1996. S. 210. – Mit Genehmigung von Ingeborg Schuldt-Britting, Höhenmoos.

CHRISTINE BUSTA (d. i. Christine Dimt, 1915–1987)

Paraphrase von den Spuren im Schnee 33

Ch. B.: Der Regenbaum. Gedichte. Salzburg/Wien: Müller, 1995 [u. ö.]. S 62. – © Otto Müller Verlag, Salzburg, 2. Auflage 1995.

PAUL CELAN (d. i. Paul Antschel, 1920–1970)

Heimkehr 22

P. C.: Gesammelte Werke in fünf Bänden. Bd. 1: Gedichte I. Hrsg. von Beda Alemann und Stefan Reichert unter Mitw. von Rudolf Bücher. Frankfurt a. M.: Suhrkamp, 1983. S. 156. – © 1959 S. Fischer Verlag, Frankfurt am Main.

ADELBERT VON CHAMISSO
(d. i. Louis Charles Adelaide de Ch. de Boncourt, 1781–1838)

Der erste Schnee 19

A. v. Ch.: Sämtliche Werke in zwei Bänden. Hrsg. von Werner Feudel und Christel Laufer. Bd. 1: Gedichte. Dramatisches. München/Wien: Hanser, 1982. S. 51 f.

MATTHIAS CLAUDIUS (1740–1815)

Ein Lied hinterm Ofen zu singen 57

M. C.: Ausgewählte Werke. Hrsg. von Walter Münz. Stuttgart: Reclam, 1990. (Universal-Bibliothek. 1691.) S. 149 f.

THEODOR DÄUBLER (1876–1934)

Landschaft 49

Th. D.: Dichtungen und Schriften. Hrsg. von Friedhelm Kemp. München: Kösel, 1956. S. 236. – Mit Genehmigung von Friedhelm Kemp, München.

GÜNTER EICH (1907–1972)

G. E.: Gesammelte Werke. Hrsg. vom Suhrkamp Verlag in Verb. mit Ilse Aichinger und unter Mitw. von Susanne Müller-Hanpft [u. a.]. Bd. 1: Die Gedichte. Die Maulwürfe. Hrsg. von Horst Ohde [Die Gedichte] und Susanne Müller-Hanpft [Die Maulwürfe]. Frankfurt a. M.: Suhrkamp, 1973. S. 89 f. –

JOSEPH VON EICHENDORFF (1788–1857)

J. v. E.: Gedichte. Eine Auswahl. Mit einem Nachw. von Konrad Nußbächer. Stuttgart: Reclam, 1957 [u. ö.]. (Universal-Bibliothek. 7925.) S. 136 f.

ERICH FRIED (1921–1988)

E. F.: Gesammelte Werke. Hrsg. von Volker Kaukoreit und Klaus Wagenbach. [Bd. 1:] Gedichte 1. Berlin: Wagenbach, 1993. S. 132. –

YVAN GOLL (d. i. Isaac Lang, 1891–1950)

Y. G.: Die Lyrik in vier Bänden. Hrsg. und komm. von Barbara Glauert-Hesse im Auftrag der Fondation Yvan und Claire Goll Saint-Dié-des-Vosges. Bd. 2: Liebesgedichte 1917–1950. Berlin: Argon Verlag, 1996. S. 324. –

EUGEN GOMRINGER (geb. 1925)

es – immer wieder gelingt es 11

E. G.: Gesamtwerk. Bd 1: Vom Rand nach innen. Die Konstellationen 1951–1995. Wien: Edition Splitter, 1995. S. 380. – © 1995 Edition Splitter, Wien.

LUDWIG GREVE (1924–1991)

Schneesturm 25

Das bleibt. Deutsche Gedichte 1945–1995. Hrsg. und mit einem Nachw. vers. von Jörg Drews. Leipzig: Reclam, 1995. (Reclam-Bibliothek. 1532.) S. 108. – Mit Genehmigung von Cornelia Greve, Berlin.

PETER HÄRTLING (geb. 1933)

Schneelied 48

P. H.: Gesammelte Werke. Bd. 8: Gedichte. Hrsg. von Klaus Siblewski. Köln: Kiepenheuer & Witsch, 1999. S. 341. – © 1999 Verlag Kiepenheuer & Witsch, Köln.

ULLA HAHN (geb. 1946)

Fest auf der Alster 68

U. H.: Unerhörte Nähe. Gedichte. Mit einem Anhang für den, der fragt. Stuttgart: Deutsche Verlags-Anstalt, 1988. S. 80f. – © 1988 Deutsche Verlags-Anstalt, Suttgart.

GERHART HAUPTMANN (1862–1946)

Eislauf 67

G. H.: Sämtliche Werke. (Centenar-Ausgabe.) Hrsg. von Hans-Egon Hass. Bd. 4: Lyrik und Versepik. Frankfurt a. M. / Berlin: Propyläen Verlag, 1964. S. 35 f.– © 1964 Verlag Ullstein GmbH, Frankfurt am Main und Berlin.

HERMANN HESSE (1877–1962)

H. H.: Gesammelte Werke. Bd. 1: Stufen. Die späten Gedichte. Frühe Prosa. Peter Camenzind. Frankfurt a. M.: Suhrkamp, 1982. S. 135 f. – © 1970 Suhrkamp Verlag, Frankfurt am Main.

GEORG HEYM (1877–1912)

G. H.: Dichtungen. München: Wolff, 1922. S. 183.

FRIEDRICH HÖLDERLIN (1770–1843)

F. H.: Sämtliche Werke und Briefe. Hrsg. von Günter Mieth. Bd. 1: Gedichte. Berlin: Aufbau-Verlag, 1970 [u. ö.]. S. 555 f.

LUDWIG CHRISTOPH HEINRICH HÖLTY (1748–1776)

Der Göttinger Hain. Hrsg. von Alfred Kelletat. Stuttgart: Reclam, 1984 [u. ö.]. (Universal-Bibliothek. 8789.) S. 38 f.

AUGUST HEINRICH HOFFMANN (gen.) VON FALLERSLEBEN (1798–1874)

A. H. H. v. F.: Ausgewählte Werke in vier Bänden. Hrsg. und mit Einl. vers. von Hans Benzmann. Bd. 1: Einleitung des Herausgebers. Lyrische Gedichte. Leipzig: Hesse, [1905]. S. 209.

HUGO VON HOFMANNSTHAL (1874–1929)

H. v. H.: Sämtliche Werke. Kritische Ausg. Veranst. vom Freien Deutschen Hochstift. Hrsg. von Rudolf Hirsch [u. a.]. Bd. 2: Gedichte 2. Hrsg. von Andreas Thomasberger und Eugene Weber †. Frankfurt a. M.: S. Fischer, 1988. S. 30. – © 1988 S. Fischer Verlag, Frankfurt am Main.

PETER HUCHEL (1903–1981)

P. H.: Ausgewählte Gedichte. Ausw. und Nachw. von Peter Wapnewski. Frankfurt a. M.: Suhrkamp, 1977. S. 27f. – Mit Genehmigung von Mathias Bertram, Berlin.

ERNST JANDL (1925–2000)

E. J.: poetische werke. Hrsg. von Klaus Siblewski. Bd. 3: sprechblasen. verstreute gedichte 3. München: Luchterhand Literaturverlag, 1997. S. 161. – © 1997 Luchterhand Literaturverlag GmbH, München.

MASCHA KALÉKO (1907–1975)

M. K.: Das himmelgraue Poesie-Album. Mit Federzeichnungen von Horst Wolniak. München: Deutscher Taschenbuch Verlag, 1986. S. 46 f. – Mit Genehmigung von Gisela Zoch-Westphal, Thalwil.

MARIE LUISE KASCHNITZ (1901–1974)

M. L. K.: Überallnie. Ausgewählte Gedichte 1928–1965. Mit einem Nachw. von Karl Krolow. [o. O.]: Claassen, 1998 [u. ö.]. S. 189. – Mit Genehmigung der Econ Ullstein List Verlag GmbH & Co. KG, München.

NORBERT C. KASER (1947–1978)

N. C. K.: Gesammelte Werke. In Verb. mit dem Forschungsinstitut Brenner-Archiv an der Universität Innsbruck hrsg. von Hans Haider [u. a.]. Bd. 1: Gedichte. Bearb. von Sigurd Paul Scheichl unter Mitarb. von Robert Huez. Innsbruck: Haymon, 1988. S. 37. – © 1988 Haymon-Verlag Ges. m. b. H., Innsbruck.

GOTTFRIED KELLER (1819–1890)

G. K.: Sämtliche Werke und ausgewählte Briefe. Bd. 3. Hrsg. von Clemens Heselhaus. München: Hanser, 1972 [u. ö.]. S. 243.

KLABUND (d. i. Alfred Henschke, 1890–1928)

K.: Die Himmelsleiter. Neue Gedichte. Berlin: Reiss, [1916]. S. 11.

GERTRUD KOLMAR (d. i. Gertrud Chodziesner, 1894–1943)

G. K.: Das lyrische Werk. München: Kösel, 1960. S. 269f. – Mit Genehmigung des Suhrkamp Verlags, Frankfurt am Main.

THEODOR KRAMER (1897–1858)

Das Nüsseklopfen 59

Th. K.: Gesammelte Gedichte 3. Hrsg. von Erwin Chvojka. Wien: Europa Verlag, 1987. S. 473. – © 1997 Paul Zsolnay Verlag, Wien.

ELSE LASKER-SCHÜLER (1869–1945)

Winternacht 45

E. L.-Sch.: Gesammelte Werke. Bd. 1: Die Gedichte 1902–1943. Hrsg. von Friedhelm Kemp. Frankfurt a. M.: Suhrkamp, 1996. S. 22. – © 1996 Suhrkamp Verlag, Frankfurt am Main.

NIKOLAUS LENAU
(d. i. Nikolaus Franz Niembsch Edler von Strehlenau, 1802–1850)

Winternacht 44

N. L.: Gedichte. Ausw. und Nachw. von Heinz Rieder. Stuttgart: Reclam, 1985 [u. ö.]. (Universal-Bibliothek. 1449.) S. 12 f.

FRIEDERIKE MAYRÖCKER (geb. 1924)

Eine eiserne Rose dieser Winter 23

F. M.: Ausgewählte Gedichte. 1944–1978. Frankfurt a. M.: Suhrkamp, 1986. (suhrkamp taschenbuch. 1302.) S. 70 f. – © 1979 Suhrkamp Verlag, Frankfurt am Main.

EDUARD MÖRIKE (1804–1875)

An einem Wintermorgen, vor Sonnenaufgang 63

E. M.: Gedichte. Ausw. und Nachw. von Bernhard Zeller. Stuttgart: Reclam, 1977 [u. ö.]. (Universal-Bibliothek. 7661.) S. 3 f.

CHRISTIAN MORGENSTERN (1871–1914)

(1) Ch. M.: Werke und Briefe. Stuttgarter Ausg., komm. Ausg. unter der Leitung von Reinhardt Habel hrsg. von Maurice Cureau [u. a.]. Bd. 1: Lyrik 1887–1905. Hrsg. von Martin Kießig. Stuttgart: Urachhaus, 1988. S. 596f. – © 1988 Verlag Urachhaus Johannes M. Mayer GmbH, Stuttgart.
(2) Ch. M.: Alle Galgenlieder. Galgenlieder. Palmström. Palma Kunkel. Der Gingganz. Nachw. von Jürgen Walter. Stuttgart: Reclam, 1989 [u. ö.]. S. 91.

WILHELM MÜLLER (1794–1827)

W. M. / Franz Schubert: Die schöne Müllerin. Die Winterreise. Textausg. Nachw. von Rolf Vollmann. Stuttgart: Reclam, 2001. (Universal-Bibliothek. 18121.) S. 49.

RAINER MARIA RILKE (1875–1926)

R. M. R.: Sämtliche Werke. Hrsg. vom Rilke-Archiv. In Verb. mit Ruth Sieber-Rilke bes. durch Ernst Zinn. Bd. 1: Gedichte. Erster Teil. Wiesbaden: Insel-Verlag, 1955. S. 30f.

JOACHIM RINGELNATZ (d. i. Hans Bötticher, 1883–1934)

J. R.: Sämtliche Gedichte. Zürich: Diogenes, 1997. S. 420. – © 1997 Diogenes Verlag AG, Zürich.

GEORG TRAKL (1887–1914)

G. T.: Werke. Entwürfe. Briefe. Hrsg. von Hans-Georg Kemper und Frank Rainer Max. Nachw. und Bibliogr. von Hans-Georg Kemper. Stuttgart: Reclam, 1984 [u. ö.] (Universal-Bibliothek. 8251.) S. 25 (1) und S. 67 (2).

PAUL ZECH (1881–1946)

P. Z.: Vom schwarzen Revier zur neuen Welt. Gesammelte Gedichte. Hrsg. von Henry A. Smith. Frankfurt a. M.: Fischer Taschenbuch Verlag, 1990. (Fischer Taschenbuch. 9226.) S. 14. – © 1983 Carl Hanser Verlag, München-Wien.

CARL ZUCKMAYER (1896–1977)

C. Z.: Abschied und Wiederkehr. Gedichte 1917–1976. Frankfurt a. M.: Fischer Taschenbuch Verlag, 1997. (Gesammelte Werke in Einzelbänden. Hrsg. von Knut Beck und Maria Guttenbrunner-Zuckmayer. Fischer Taschenbuch. 12714.) S. 128 f. – Mit Genehmigung der S. Fischer Verlag GmbH, Frankfurt am Main.

UNICA ZÜRN (1916–1970)

U. Z.: Gesamtausgabe in 4 Bänden. Hrsg. von Günter Bose und Erich Brinkmann. Bd. 1: Anagramme. Berlin: Brinkmann & Bose, 1988. S. 14. – Mit Genehmigung des Verlags Brinkmann & Bose, Berlin.